O Mapa da Riqueza: O Maior Plano de Enriquecimento Já Visto!

O conceito de riqueza, ao longo da história, tem sido amplamente associado à acumulação de bens materiais. Para muitos, ser rico significa ter grandes somas de dinheiro, propriedades e ativos. No entanto, ao adotar uma visão mais profunda e integrativa, podemos ver que a riqueza vai muito além do aspecto material. Ela está diretamente ligada ao modo como percebemos valor, como a mente inconsciente lida com nossas crenças sobre dinheiro e, mais importante, como essas crenças moldam nosso comportamento financeiro.

Se você ainda não é, precisa redefinir o que significa ser verdadeiramente rico. A economia nos ensina as regras do jogo financeiro, mas é a psicanálise que desvela os bloqueios internos e emocionais que, muitas vezes, impedem que alcancemos a prosperidade plena.

Desde Adam Smith, considerado o pai da economia moderna, até economistas mais contemporâneos como Milton Friedman e Joseph Stiglitz, a riqueza foi tradicionalmente tratada como um acúmulo de capital e ativos tangíveis. Para Smith, a riqueza de uma nação era medida pela sua capacidade de produzir e acumular bens. Mais tarde, teorias como o valor-trabalho de Karl Marx associaram a riqueza ao trabalho humano, enquanto economistas neoclássicos enfatizaram a maximização de utilidade individual.

Embora esses pensadores tenham fornecido uma base sólida para entender como o valor é gerado e distribuído na sociedade, a visão de riqueza restrita ao aspecto material ignora uma dimensão fundamental: a riqueza psicológica. O que é riqueza para uma pessoa que, mesmo com milhões no banco, vive em constante medo de perder tudo? Ou para alguém que acumula dinheiro, mas sente uma insatisfação profunda com a vida?

Com o avanço da economia comportamental, estudiosos como Daniel Kahneman e Richard Thaler trouxeram à tona o conceito de que as pessoas não agem de maneira totalmente racional em suas decisões financeiras. Em vez disso, somos influenciados por uma série de vieses e fatores emocionais, como a aversão à perda, o otimismo exagerado e o efeito de ancoragem.

Esses estudos mostram que, muitas vezes, tomamos decisões financeiras que vão contra nossos interesses de longo prazo. Mas, por que isso acontece? A economia comportamental ajuda a explicar o como as pessoas tomam decisões, mas não explora o porquê das motivações subjacentes. Para isso, precisamos da psicanálise.

Sigmund Freud, o fundador da psicanálise, sugeriu que grande parte de nosso comportamento é guiada pelo inconsciente – um repositório de desejos reprimidos, medos e experiências passadas. Quando aplicamos essa lente ao dinheiro, fica claro que nossa relação com a riqueza é fortemente influenciada por forças inconscientes.

Por exemplo, muitas pessoas têm crenças inconscientes sobre o dinheiro que foram formadas na infância. Se, quando criança, você ouviu que "dinheiro é sujo" ou que "os ricos são gananciosos", essas mensagens podem ter criado bloqueios inconscientes que limitam sua capacidade de prosperar. Mesmo que você racionalmente deseje ser financeiramente bem-sucedido, essas crenças podem sabotar suas ações – fazendo com que você perca oportunidades, evite investimentos ou adote comportamentos auto sabotadores.

A psicanálise também nos ensina que o dinheiro, para muitos, não é apenas uma ferramenta de troca, mas um símbolo de poder, controle, segurança ou até amor. Assim, nossas decisões financeiras são muitas vezes motivadas por esses desejos inconscientes, e não por cálculos racionais de ganho ou perda.

O processo de desbloquear essas crenças inconscientes sobre o dinheiro requer introspecção e, muitas vezes, a ajuda de técnicas terapêuticas baseadas na psicanálise. Através da análise dos nossos medos e desejos reprimidos, podemos começar a compreender por que agimos da maneira que agimos em relação às finanças.

Por exemplo, alguém que tem medo de sucesso financeiro pode inconscientemente se sentir culpado por superar sua família ou seus pares. Outra pessoa pode ter uma relação conflituosa com o dinheiro, associando-o ao estresse, o que a impede de manter uma relação saudável com suas finanças.

Esses bloqueios, quando não identificados, podem criar um ciclo contínuo de escassez, mesmo para pessoas que, em teoria, têm tudo para prosperar. Aqui, a psicanálise oferece um caminho para identificar e remover esses obstáculos emocionais, permitindo que as pessoas alinhem suas ações financeiras com suas metas conscientes.

Ao combinarmos a visão econômica com a psicanalítica, podemos redefinir o conceito de riqueza de forma mais holística. Ser rico, então, não é apenas possuir grandes somas de dinheiro ou bens, mas viver em harmonia com suas crenças e emoções em relação ao dinheiro. É ter uma mentalidade de abundância, onde o dinheiro é visto como uma ferramenta para realização pessoal e impacto positivo, não como uma fonte de ansiedade ou poder descontrolado.

A verdadeira riqueza envolve o equilíbrio entre prosperidade material e saúde emocional. Alguém que tem uma relação saudável com o dinheiro – que entende seu valor, mas não é controlado por ele – vive em um estado de liberdade financeira, independentemente do saldo bancário. Esse equilíbrio é o que chamamos de "riqueza psicológica", que transcende os números e reflete uma verdadeira sensação de segurança e abundância interna.

Ao redefinir a riqueza, incorporando tanto o aspecto material quanto o psicológico, podemos começar a construir uma nova visão do sucesso financeiro. A economia nos fornece as ferramentas para entender o funcionamento dos mercados e das finanças, mas é a psicanálise que revela as forças internas que nos impedem de atingir todo o nosso potencial de prosperidade.

A verdadeira riqueza, portanto, é a capacidade de viver em abundância, tanto externamente, com segurança financeira, quanto internamente, com uma relação saudável e consciente com o dinheiro. Quando alinhamos essas duas dimensões, desbloqueamos o caminho para uma vida verdadeiramente rica e plena.

Este novo paradigma não só amplia o conceito de riqueza, mas nos mostra que qualquer pessoa, independentemente de suas circunstâncias, pode alcançar a prosperidade ao trabalhar tanto com o mundo externo quanto com seu próprio mundo interior.

Ao longo da vida, muitas pessoas lutam para atingir seus objetivos financeiros e pessoais, sem entender que as barreiras mais significativas não estão no mundo externo, mas dentro de suas próprias mentes. A Programação Neuro-Linguística (PNL) nos oferece ferramentas poderosas para superar esses obstáculos internos. Com esta leitura você aprenderá sobre como as crenças limitantes, padrões repetitivos e a falta de visão podem sabotar seu progresso e, mais importante, aprenderá a reprogramar sua mente, criando um "mindset" que atrai oportunidades e riqueza de maneira natural.

Nossas crenças são a base de nossa percepção do mundo. Elas moldam como vemos a nós mesmos, aos outros e o que consideramos possível ou impossível. Muitas vezes, essas crenças são formadas durante a infância e, embora sejam invisíveis na vida adulta, continuam a exercer um grande controle sobre nossas ações.

Por exemplo, alguém que cresceu ouvindo que "dinheiro é a raiz de todo mal" pode desenvolver uma crença subconsciente de que o sucesso financeiro é algo negativo, criando um ciclo de auto sabotagem. Outra pessoa pode acreditar que "não é boa o suficiente" para alcançar o sucesso, o que leva à procrastinação ou à falta de ação, mesmo diante de grandes oportunidades.

A PNL nos ensina que essas crenças limitantes podem ser reprogramadas. Não somos prisioneiros de nossas percepções passadas. Através de técnicas específicas, podemos mudar a forma como vemos o mundo e, ao fazer isso, alteramos nosso comportamento e resultados.

Muitas pessoas se encontram presas em ciclos repetitivos de comportamento que levam ao fracasso. Esse padrão pode ser visto na vida financeira, em relacionamentos ou em projetos pessoais. Talvez você comece algo com grande entusiasmo, mas desista no meio do caminho, ou tome decisões impulsivas que prejudicam seu progresso.

O MAPA DA RIQUEZA!

Esses padrões repetitivos geralmente têm raízes profundas no inconsciente. A PNL ensina que esses comportamentos não são acidentes, mas respostas automáticas a gatilhos internos. Identificar esses gatilhos é o primeiro passo para interromper o ciclo.

Por meio de técnicas como a "ancoragem" da PNL, você pode aprender a reconhecer quando está prestes a cair em um comportamento repetitivo prejudicial e, em vez disso, ativar respostas positivas que o levem em direção ao sucesso.

Uma das razões mais comuns para a estagnação é a falta de uma visão clara. Muitas pessoas desejam sucesso, mas não sabem exatamente o que isso significa para elas. Sem um objetivo específico, é fácil perder o rumo e seguir um caminho sem propósito.

A PNL nos ensina a importância da visualização e da definição de metas claras. Quando você consegue visualizar com detalhes o que deseja alcançar – seja na vida financeira, profissional ou pessoal – sua mente começa a se alinhar com essas metas, e as oportunidades começam a se apresentar.

Uma técnica poderosa da PNL é a "visualização criativa". Ao imaginar seu futuro com riqueza de detalhes – como ele se sente, o que você vê e ouve – você começa a alinhar sua mente subconsciente com esse destino. Isso cria uma espécie de atração natural para que você tome as ações necessárias para alcançar esse futuro.

A PNL permite que você questione e reformule crenças limitantes. Por exemplo, se você acredita que "não merece o sucesso", pode usar a PNL para examinar essa crença e substituí-la por uma mais capacitada, como "eu sou digno e capaz de alcançar o sucesso."

Você deve associar um estado emocional positivo a um gesto ou palavra específica, permitindo que você ative esse sentimento sempre que precisar. Isso pode ser extremamente útil em situações de alta pressão ou quando você está prestes a enfrentar um desafio.

A PNL também enfatiza a importância de definir metas de maneira clara e objetiva. A técnica SMART – metas que são Específicas, Mensuráveis, Atingíveis, Relevantes e Temporais – ajuda a garantir que suas aspirações sejam alcançáveis e focadas.

Reduza o impacto emocional de experiências negativas passadas. Ao se distanciar mentalmente de uma memória que ainda o afeta, você pode eliminar seu impacto sobre o presente e o futuro, libertando-se para tomar ações com clareza.

A PNL nos mostra que o sucesso não é apenas sobre o que fazemos, mas sobre o que pensamos. Uma mente programada para o sucesso vê oportunidades onde outros veem problemas, reconhece o valor em conexões e experiências que, à primeira vista, parecem irrelevantes. Ao reprogramar sua mente, você cria um estado de abundância, que atrai naturalmente as condições e as pessoas certas para a sua vida.

Ao usar as ferramentas da PNL para mudar suas crenças, interromper padrões prejudiciais e definir metas claras, você começa a criar um ciclo virtuoso em que as oportunidades parecem se multiplicar, e a riqueza começa a fluir de forma mais natural.

A Programação Neuro-Linguística nos ensina que o sucesso não é algo reservado para uma elite ou um grupo seleto de pessoas. Pelo contrário, é um estado mental e emocional que pode ser aprendido, treinado e aperfeiçoado. Através da PNL, você pode identificar e remover os bloqueios que o têm impedido de alcançar o sucesso e criar um mindset que o guie, consistentemente, em direção à prosperidade.

A verdadeira reprogramação para o sucesso começa com a conscientização de suas crenças limitantes, a interrupção de padrões auto sabotadores e a criação de uma visão clara e poderosa para o futuro. Ao fazer isso, você coloca em movimento as forças internas que irão transformá-lo em alguém que atrai oportunidades e riqueza de forma natural.

Seu futuro começa com o que você escolhe acreditar e fazer hoje. A PNL é a chave para transformar suas crenças em poderosas aliadas na sua jornada para o sucesso!

No campo da economia tradicional, o ser humano é frequentemente retratado como um tomador de decisões puramente racional, sempre buscando maximizar seu benefício financeiro. No entanto, a economia comportamental desafia essa visão simplista. Ao reconhecer que as decisões financeiras são influenciadas por emoções, vieses e impulsos inconscientes, a economia comportamental oferece uma visão mais realista e rica sobre como realmente tomamos decisões em relação a riscos, perdas e ganhos.

Vamos explorar um pouco, como a economia comportamental, em combinação com as técnicas de Programação Neuro-Linguística (PNL), pode ajudar você a treinar seu cérebro para tomar decisões financeiras mais racionais e lucrativas. Ao entender como as emoções moldam suas escolhas, você poderá usá-las a seu favor em vez de deixar que elas sabotem seu progresso financeiro.

A economia comportamental surgiu como uma resposta à visão clássica da economia, que pressupunha que os indivíduos agem de maneira perfeitamente racional ao tomar decisões financeiras. Estudiosos como Daniel Kahneman e Richard Thaler demonstraram, no entanto, que nossas escolhas são frequentemente distorcidas por vieses cognitivos e fatores emocionais.

Aversão à perda por exemplo, é um conceito amplamente estudado por Kahneman e Tversky, e sugere que sentimos mais intensamente o impacto de uma perda do que o prazer de um ganho de valor equivalente. Isso significa que muitas vezes tomamos decisões para evitar perdas, mesmo quando isso nos impede de explorar oportunidades de ganho. Um investidor, por exemplo, pode se apegar a uma ação que está caindo por medo de realizar a perda, mesmo quando vender seria a decisão mais lógica.

Muitas vezes, superestimamos nossa capacidade de prever o futuro ou de controlar resultados. Esse viés de excesso de confiança pode nos levar a correr riscos maiores do que deveríamos, subestimando as probabilidades de perda.

Nossas decisões financeiras podem ser influenciadas por

informações iniciais irrelevantes. Por exemplo, ao negociar o preço de um imóvel, o valor de abertura do vendedor pode "ancorar" nossa percepção, fazendo com que nossas decisões subsequentes se tornem distorcidas por essa referência.

O viés de confirmação, faz com que busquemos e valorizemos informações que confirmem nossas crenças existentes, ignorando ou desvalorizando dados que as contradizem. Isso pode levar a decisões financeiras mal informadas ou enviesadas.

Esses e outros vieses cognitivos mostram que, mesmo quando tentamos ser racionais, somos influenciados por fatores emocionais e inconscientes que podem distorcer nossa percepção do risco e da recompensa.

Além dos vieses cognitivos, as emoções têm um papel central na tomada de decisões financeiras. Medo, ganância, ansiedade e euforia podem nos levar a tomar decisões precipitadas ou, por outro lado, a hesitar em momentos críticos.

Por exemplo, durante crises econômicas, o medo pode levar investidores a vender suas ações no pior momento possível, em vez de esperar a recuperação do mercado. Em tempos de euforia econômica, por outro lado, a ganância pode nos empurrar para bolhas financeiras, onde tomamos riscos excessivos sem considerar as consequências de longo prazo.

A economia comportamental nos ensina que não podemos eliminar essas emoções, mas podemos aprender a reconhecê-las e, melhor ainda, utilizá-las a nosso favor. E é aqui que a Programação Neuro-Linguística (PNL) entra em ação.

Você deve se "desconectar" emocionalmente de uma situação para vê-la de forma mais objetiva. Ao usar a dissociação em decisões financeiras, você pode reduzir o impacto das emoções e dos vieses cognitivos, analisando o cenário de maneira mais clara. Por exemplo, ao avaliar um investimento, você pode imaginar-se como um observador externo, o que facilita uma análise mais racional.

Mude a maneira como você percebe uma situação. Se você vê uma perda financeira como um fracasso, sua mente estará programada para evitar riscos no futuro. No entanto, ao perceber a perda como uma oportunidade de aprendizado, você se sentirá mais confiante em continuar a tomar decisões corajosas, mas calculadas.

Lembre-se! Você pode associar estados emocionais positivos a certas palavras, gestos ou imagens, para acessá-los em momentos críticos. Por exemplo, ao enfrentar uma decisão financeira importante, você pode usar uma âncora emocional que o coloque em um estado de calma e clareza, ajudando a equilibrar as emoções e a evitar decisões impulsivas.

A visualização criativa permite que você antecipe os resultados desejados e se prepare emocionalmente para os riscos envolvidos. Quando você visualiza claramente seus objetivos financeiros e as etapas necessárias para alcançá-los, está criando um mapa mental que ajuda a manter o foco e a evitar armadilhas emocionais.

Combinar os insights da economia comportamental com as técnicas de PNL pode transformar completamente a maneira como você toma decisões financeiras.

O primeiro passo para melhorar suas decisões financeiras é se tornar consciente de seus próprios vieses cognitivos. Faça uma auto avaliação para identificar quais vieses costumam afetar suas escolhas – seja a aversão à perda, o excesso de confiança ou o viés de confirmação. Reconhecer esses padrões é o primeiro passo para controlá-los.

Ao aprender a dissociar-se de momentos de alta emoção, você pode tomar decisões financeiras mais racionais. Em vez de permitir que o medo ou a ganância guiem suas ações, use a PNL para criar âncoras emocionais positivas que o ajudem a permanecer calmo e focado, independentemente das circunstâncias do mercado.

Em vez de ver uma perda financeira como um desastre, use a técnica de reenquadramento para transformá-la em uma oportunidade de aprendizado. Isso o manterá no caminho do progresso, em vez de cair na paralisia da dúvida e do medo.

A visualização criativa pode ser uma grande aliada na definição de objetivos financeiros. Quando você visualiza seu sucesso com riqueza de detalhes, sua mente subconsciente começa a alinhar suas ações com esses objetivos. Isso mantém sua motivação alta e seu foco inabalável.

A economia comportamental nos ensina que, para tomar decisões financeiras mais racionais e lucrativas, precisamos entender como nossas emoções e vieses influenciam nossas escolhas. A PNL oferece as ferramentas para superar essas limitações, treinando sua mente para responder de maneira mais equilibrada e estratégica a riscos, perdas e ganhos.

Ao combinar esses dois campos de estudo, você não só melhora suas chances de sucesso financeiro, mas também adquire o controle emocional necessário para enfrentar os altos e baixos inevitáveis do mundo financeiro. Com uma mente bem treinada e um entendimento profundo de como as emoções moldam suas decisões, você estará melhor preparado para tomar decisões financeiras inteligentes que o conduzirão à prosperidade duradoura.

O dinheiro, à primeira vista, parece ser apenas uma ferramenta neutra de troca, uma unidade de valor que facilita transações. No entanto, ele carrega consigo uma profundidade psicológica que vai muito além de seu uso prático. Para muitas pessoas, o dinheiro se torna um símbolo de poder, segurança, controle, amor ou até mesmo de liberdade. A psicanálise nos ajuda a explorar as raízes inconscientes dessas associações, revelando como nossas experiências passadas, particularmente nossas relações familiares e vivências na infância, moldam a forma como lidamos com dinheiro na vida adulta.

Compreender essas dinâmicas inconscientes é essencial para quem busca não apenas melhorar sua saúde financeira, mas também desbloquear seu verdadeiro potencial de enriquecimento. Este artigo explora como a psicanálise pode desvendar os padrões ocultos que limitam nosso progresso financeiro e por que alguns prosperam enquanto outros permanecem presos em seus próprios medos.

De acordo com Sigmund Freud, o dinheiro, assim como outros objetos materiais, é frequentemente imbuído de significados simbólicos derivados das nossas experiências inconscientes. Para alguns, ele representa segurança; para outros, liberdade, amor ou até mesmo aprovação. A forma como o dinheiro é percebido e utilizado reflete diretamente os desejos, medos e frustrações que carregamos internamente.

Por exemplo, uma pessoa que associa dinheiro com segurança pode ter desenvolvido essa crença ao observar a instabilidade financeira dos pais durante a infância. Esse indivíduo pode, inconscientemente, temer a perda de dinheiro e, como resultado, adotar um comportamento excessivamente conservador, evitando investimentos que poderiam levar ao enriquecimento. Por outro lado, alguém que vê o dinheiro como um símbolo de poder ou controle pode se envolver em comportamentos de risco financeiro, buscando reforçar uma sensação de domínio sobre sua vida e o ambiente ao redor.

A psicanálise nos ensina que essas associações simbólicas não são escolhas conscientes. Elas são moldadas ao longo do tempo, muitas vezes como respostas emocionais a eventos que, na época, pareciam insignificantes, mas que deixaram uma marca profunda no inconsciente.

Uma das maiores influências em nossa relação com o dinheiro são as experiências vividas na infância, especialmente no contexto familiar. As atitudes de nossos pais e cuidadores em relação ao dinheiro moldam, muitas vezes de maneira inconsciente, as crenças e comportamentos que adotamos ao longo da vida.

Se uma criança cresceu em um ambiente onde o dinheiro era escasso, a relação dessa pessoa com o dinheiro pode ser marcada por uma sensação de escassez ou medo. Essa pessoa pode, então, desenvolver o que chamamos de "complexo de escassez", que a leva a evitar gastos, a subvalorizar seu próprio trabalho ou até mesmo a sentir culpa ao ganhar grandes somas de dinheiro. Por outro lado, uma pessoa que cresceu em um lar onde o dinheiro era usado como meio de controle pode associar riqueza a manipulação, e isso pode criar um conflito interno que a impede de perseguir o sucesso financeiro de maneira saudável.

Esses padrões inconscientes se manifestam de maneiras variadas. Alguns se tornam gastadores compulsivos, buscando preencher vazios emocionais com a compra de bens materiais, enquanto outros se tornam acumuladores, incapazes de se desprender de qualquer valor que possuam, temendo a escassez.

Um dos conceitos mais intrigantes revelados pela psicanálise é o "medo do sucesso". Para muitas pessoas, o medo de alcançar seus objetivos financeiros pode ser tão poderoso quanto o medo do fracasso. Isso ocorre porque o sucesso frequentemente traz mudanças e, para o inconsciente, a mudança pode ser percebida como uma ameaça à estabilidade emocional.

Por exemplo, alguém que cresceu em um ambiente onde a riqueza era vista de forma negativa pode internalizar a crença de que ser bem-sucedido financeiramente o tornará uma pessoa gananciosa ou desonesta. Inconscientemente, essa pessoa pode sabotar suas próprias tentativas de enriquecer, evitando oportunidades ou desistindo de projetos que poderiam levá-la ao sucesso.

Da mesma forma, o medo de se destacar da família ou do círculo social pode levar alguém a permanecer em um estado de estagnação financeira. O sucesso pode ser visto como uma traição aos seus pares, gerando um conflito interno entre o desejo de prosperar e o medo de ser rejeitado ou criticado por aqueles que o cercam.

A chave para desbloquear o verdadeiro potencial de enriquecimento está na conscientização e superação desses padrões inconscientes. Através da análise introspectiva – seja por meio da psicanálise formal ou de práticas de autoconhecimento – podemos começar a identificar as crenças e associações que limitam nosso progresso financeiro.

Uma vez que esses bloqueios são reconhecidos, podemos trabalhar para reformulá-los.

Faça uma análise profunda de suas atitudes em relação ao

dinheiro. Pergunte a si mesmo: "O que o dinheiro representa para mim?" "Qual foi minha primeira experiência significativa com o dinheiro?" Essas reflexões podem ajudar a revelar padrões e associações que você não sabia que tinha.

Depois de identificar suas crenças limitantes, é hora de reestruturá-las. Isso pode ser feito substituindo crenças negativas por afirmações positivas e verdadeiras. Por exemplo, se você acredita que "dinheiro é difícil de ganhar", reformule para "dinheiro é uma recompensa justa pelo valor que eu ofereço ao mundo".

Se o medo do sucesso é uma barreira, pergunte-se: "O que realmente mudará se eu me tornar financeiramente bem-sucedido?" Muitas vezes, o medo do desconhecido é mais aterrorizante do que a realidade. Enfrentar esse medo de frente e redefinir suas percepções sobre o sucesso pode ajudá-lo a desbloquear novas oportunidades.

O dinheiro não é bom nem mau – ele é neutro. Ao aprender a ver o dinheiro como uma ferramenta, em vez de um fim em si mesmo, você poderá estabelecer uma relação mais saudável e equilibrada com suas finanças.

O dinheiro, longe de ser apenas uma ferramenta econômica, é um símbolo poderoso e multifacetado, que carrega consigo as complexidades de nossas experiências passadas e nossos medos e desejos inconscientes. Compreender a profundidade psicológica do dinheiro é crucial para quem deseja alcançar a verdadeira prosperidade.

A psicanálise nos oferece um caminho para desvendar esses mistérios ocultos, ajudando-nos a identificar os bloqueios que nos impedem de prosperar e a substituí-los por crenças e comportamentos que nos conduzam à abundância. Quando reconhecemos que a riqueza vai além do acúmulo material e inclui a libertação de nossos medos e limitações internas, podemos realmente liberar todo o nosso potencial de enriquecimento, tanto interno quanto externo.

Essa jornada de autoconhecimento e transformação não é apenas o caminho para a prosperidade financeira, mas também para uma vida de maior realização e equilíbrio.

O século XXI trouxe consigo uma revolução econômica sem precedentes, marcada pela ascensão das novas tecnologias, o crescimento das criptomoedas, a digitalização das economias e o impacto cada vez mais visível da inovação em todos os setores. Para aqueles que buscam prosperar neste cenário dinâmico, é crucial entender as estratégias econômicas que melhor se adaptam a essa era de transformação.

Exploraremos então, as estratégias econômicas mais eficazes para navegar neste novo contexto global, destacando os movimentos previstos por economistas visionários e como você pode se beneficiar dessas tendências. Do investimento em tecnologias emergentes até o papel crescente das criptomoedas, o século XXI exige uma nova mentalidade, ágil e adaptativa, para aproveitar as oportunidades e minimizar os riscos.

A inovação sempre foi um motor de crescimento econômico, mas no século XXI, ela se tornou o epicentro das grandes oportunidades de investimento. Setores como tecnologia, biotecnologia, energias renováveis e inteligência artificial estão redefinindo o conceito de "valor econômico".

Economistas como Joseph Schumpeter falaram sobre o conceito de "destruição criativa", onde novos setores e tecnologias substituem os antigos. No contexto moderno, empresas como Amazon, Tesla, Apple e Google exemplificam isso. Elas não apenas inovaram em seus mercados, mas criaram ecossistemas inteiros, gerando crescimento exponencial. Para investidores, essas empresas representam oportunidades incríveis, tanto em termos de crescimento de ações quanto de geração de dividendos.

Outra área a ser observada é a biotecnologia. O avanço em genômica, medicina personalizada e biotecnologias transformadoras promete revolucionar a saúde, o que cria uma oportunidade imensa para investidores atentos a inovações. Para aqueles que buscam identificar as próximas oportunidades, a estratégia de observar startups em incubadoras e acompanhar o movimento de patentes pode ser essencial.

O advento das criptomoedas no início do século XXI representou uma virada radical na forma como o mundo vê o dinheiro e as transações financeiras. Bitcoin, a primeira criptomoeda, foi criada como uma resposta à centralização do sistema financeiro e à crise de confiança nos bancos tradicionais após a crise financeira de 2008.

Desde então, o setor das criptomoedas cresceu de forma explosiva, impulsionado pela adoção crescente de blockchain, a tecnologia subjacente que garante segurança e descentralização nas transações digitais. Ethereum, por exemplo, se destaca por introduzir contratos inteligentes, permitindo a execução automática de acordos complexos sem a necessidade de intermediários.

No entanto, economistas como Nouriel Roubini alertam sobre a volatilidade das criptomoedas e os riscos especulativos. A chave aqui é diversificar: enquanto investir em grandes players como Bitcoin e Ethereum pode ser lucrativo, a estratégia de longo prazo deve incluir um portfólio equilibrado que leve em conta projetos inovadores em blockchain, mas com análise cuidadosa sobre riscos.

O impacto das criptomoedas vai além dos investimentos. O movimento DeFi (finanças descentralizadas) promete transformar radicalmente setores como crédito, seguros e pagamentos globais, criando oportunidades para aqueles que se envolvem com esse ecossistema nascente.

A inteligência artificial (IA) e a automação têm desempenhado um papel central na transformação de indústrias e no aumento da produtividade global. Tecnologias que há poucos anos pareciam ficção científica agora estão no coração de operações de empresas líderes. Ferramentas de IA como machine learning e processamento de linguagem natural estão criando novas oportunidades de eficiência e inovação.

Economistas como Paul Krugman discutem como a automação impactará o mercado de trabalho, sugerindo que as funções repetitivas e baseadas em tarefas manuais estão mais suscetíveis à substituição. Para os trabalhadores, a estratégia é focar em habilidades difíceis de automatizar, como criatividade, pensamento crítico e habilidades sociais complexas.

Para investidores, a IA e a automação abrem oportunidades tanto em ações de empresas tecnológicas quanto em fundos que exploram essas inovações. Além disso, as empresas que integram IA em seus processos de fabricação, atendimento ao cliente e marketing tendem a experimentar ganhos de produtividade e, por consequência, crescimento exponencial.

Com a crescente preocupação com as mudanças climáticas e a necessidade de reduzir as emissões de carbono, o investimento em energias renováveis tornou-se uma das estratégias econômicas mais eficazes e de longo prazo. Economistas que defendem o crescimento verde, como Amartya Sen, argumentam que o crescimento econômico sustentável deve estar alinhado com a preservação ambiental.

Empresas de energia solar, eólica e outras tecnologias limpas estão emergindo como líderes em um mercado global que busca alternativas aos combustíveis fósseis. Governos ao redor do mundo estão investindo pesadamente em infraestrutura verde, e isso cria um campo fértil para investidores. Fundos especializados em ESG (ambientais, sociais e de governança) têm mostrado desempenho superior, já que cada vez mais investidores se preocupam com a responsabilidade ambiental.

O MAPA DA RIQUEZA!

A ascensão da China como superpotência econômica e tecnológica mudou drasticamente a dinâmica global. O domínio chinês em tecnologias como 5G, inteligência artificial e fintech desafia o papel tradicional do Ocidente como líder da inovação.

Economistas como Dani Rodrik destacam como a globalização digital está alterando as fronteiras econômicas. A tensão comercial entre Estados Unidos e China não é apenas uma batalha de tarifas, mas uma luta pelo controle de setores-chave do futuro digital. Para investidores, isso significa que as próximas décadas serão marcadas por oportunidades (e riscos) em mercados emergentes e em empresas que desempenham papéis críticos na nova economia digital.

A globalização digital também democratizou o acesso ao mercado global. Startups de tecnologia, independentemente de sua localização geográfica, podem se destacar e competir em pé de igualdade com grandes empresas internacionais, criando novas oportunidades para empreendedores e investidores de risco.

Com as mudanças tecnológicas e o impacto da automação no mercado de trabalho, a educação e a requalificação profissional se tornaram fundamentais para o sucesso individual e coletivo. Economistas discutem a polarização do mercado de trabalho, onde os empregos de alta e baixa qualificação continuam a crescer, enquanto os trabalhos de nível médio são substituídos por tecnologia.

Investir na própria educação e em habilidades tecnológicas avançadas é, sem dúvida, uma das melhores estratégias econômicas para o indivíduo no século XXI. Universidades e plataformas de ensino digital estão oferecendo cursos especializados em áreas de crescimento como análise de dados, IA, blockchain e desenvolvimento de software, permitindo que os profissionais acompanhem as mudanças do mercado.

O século XXI está repleto de desafios e oportunidades sem precedentes. Com o rápido avanço das tecnologias digitais, a ascensão das criptomoedas, a transformação das indústrias por meio da IA e a pressão por crescimento sustentável, o cenário econômico está em constante transformação. Aqueles que souberem navegar nesse ambiente dinâmico, aproveitando as previsões econômicas e os insights visionários, estarão posicionados para prosperar.

Investir em inovação, adotar uma mentalidade flexível e se requalificar continuamente são estratégias essenciais para colher os frutos desse novo mundo. A chave para o sucesso econômico neste século está em antecipar tendências, diversificar riscos e adaptar-se rapidamente às novas realidades globais.

Acredito que o sucesso financeiro de uma nação começa com a transformação de seus indivíduos. O crescimento econômico sustentável não é apenas sobre infraestrutura, tecnologia ou políticas públicas — ele depende também de um mindset financeiro saudável e produtivo.

Vamos explorar como a Programação Neuro-Linguística (PNL) e a psicanálise podem ser usadas para ajudar as pessoas a identificar e superar traumas e crenças limitantes que impedem o sucesso financeiro. Traremos à tona as barreiras internas que nos sabotam, e, a partir dessa jornada interior, aprenderemos a alinhar a mente para um caminho de abundância e prosperidade.

Todos nós, em maior ou menor grau, carregamos crenças limitantes – pensamentos profundamente enraizados que nos dizem o que é ou não possível. No contexto financeiro, essas crenças podem incluir frases como "dinheiro é difícil de ganhar", "eu não mereço ser rico" ou "as pessoas ricas são gananciosas". Essas crenças, muitas vezes inconscientes, funcionam como barreiras invisíveis, bloqueando nosso progresso em direção à prosperidade.

Na China, por exemplo, uma economia emergente que passou de um regime comunista fechado para uma potência global, essas crenças limitantes podem ser especialmente fortes entre aqueles que experimentaram mudanças econômicas profundas em apenas uma geração. Por mais que a sociedade tenha avançado, o trauma de tempos difíceis pode criar bloqueios psicológicos duradouros que afetam como as pessoas enxergam e gerenciam suas finanças pessoais.

A maneira como você pensa e fala sobre dinheiro molda diretamente sua realidade financeira. A mente não distingue o que é real do que é imaginado com intensidade. Portanto, ao modificar seu diálogo interno, você está essencialmente reescrevendo o software que controla seu comportamento financeiro.

Combinando PNL e psicanálise, podemos criar um método abrangente para alinhar a mente em direção à abundância financeira. A PNL nos dá as ferramentas práticas para reprogramar crenças e visualizar o sucesso, enquanto a psicanálise nos ajuda a identificar e processar os bloqueios emocionais que podem estar nos impedindo de prosperar.

A chave para o sucesso financeiro sustentável está em trabalhar

O MAPA DA RIQUEZA!

tanto o aspecto consciente quanto o inconsciente de nossa mente. Quando começamos a ver o dinheiro não como um símbolo de medo ou estresse, mas como uma ferramenta para realização e impacto, criamos um novo paradigma de sucesso.

Pergunte a si mesmo: "Quais são as crenças sobre dinheiro que estou carregando desde a infância?" Liste-as e comece a questionar a validade de cada uma delas.

Substitua as suas crenças limitantes por novas afirmações positivas. Faça disso um hábito diário até que essas novas crenças se tornem automáticas.

Considere fazer terapia psicanalítica ou práticas de introspecção profunda para explorar os traumas e bloqueios emocionais relacionados ao dinheiro. Isso ajudará a curar feridas antigas e a liberar todo o seu potencial financeiro.

O verdadeiro enriquecimento começa de dentro. Ao identificar e superar os traumas e crenças limitantes que moldam nossa relação com o dinheiro, podemos desbloquear novas oportunidades de sucesso e prosperidade. Tanto a PNL quanto a psicanálise oferecem ferramentas poderosas para transformar nossa mentalidade e comportamento financeiro, permitindo-nos criar uma vida de abundância e realização. Como indivíduos, somos chamados a fazer nossa própria transformação interna. Somente alinhando nossas mentes com um caminho de abundância, podemos nos tornar verdadeiramente bem-sucedidos, tanto em nossas finanças quanto em nossas vidas pessoais.

O sucesso financeiro não é resultado de sorte ou de uma única boa decisão. Ele é o resultado de um conjunto de estratégias bem aplicadas, combinadas com uma mentalidade vencedora e resiliência emocional. Vou te apresentar aqui, os 5 Pilares do Sucesso Financeiro, que formam a base de um plano sustentável para alcançar a prosperidade. Combinando educação financeira, Programação Neuro-Linguística (PNL), psicanálise, decisões estratégicas e a criação de uma rede de sucesso, você pode construir uma base sólida para garantir a sua riqueza de forma duradoura.

Sabe como o dinheiro funciona?

Saber como o dinheiro funciona é essencial para tomar decisões inteligentes sobre economias, investimentos e gestão financeira. O dinheiro é uma ferramenta, e para utilizá-la corretamente, é fundamental compreender seus princípios básicos e avançados.

Por onde começar?

Compreenda quanto dinheiro entra e sai do seu fluxo de caixa. O controle orçamentário é o primeiro passo para identificar áreas de melhoria e aumentar suas economias.

Conhecer o funcionamento dos juros compostos é vital, tanto para evitar que dívidas se tornem incontroláveis quanto para utilizá-los a seu favor em investimentos.

Aprenda sobre os diferentes tipos de investimentos – ações, títulos, imóveis, fundos de investimento, criptomoedas – e como diversificar seu portfólio para minimizar riscos e maximizar retornos.

Definir metas de curto, médio e longo prazo e alinhar sua estratégia financeira com esses objetivos é crucial. Isso inclui reserva de emergência, aposentadoria e investimentos para crescimento patrimonial.

Exemplo prático: Imagine que você tenha uma renda mensal de R$10.000, mas não acompanha seu orçamento. Se 30% dessa renda for usada para despesas variáveis que poderiam ser ajustadas, você pode estar perdendo R$36.000 por ano. Um bom planejamento financeiro permite cortar gastos desnecessários e investir esse valor, o que, a longo prazo, pode gerar um patrimônio significativo.

A mente vencedora é fundamental para o sucesso financeiro. Utilizando técnicas de Programação Neuro-Linguística (PNL), você pode reprogramar seu cérebro para adotar uma mentalidade de crescimento e abundância. Muitas pessoas têm crenças limitantes sobre o dinheiro – "dinheiro é difícil de ganhar", ou "o sucesso é para poucos" – e essas crenças podem sabotar suas tentativas de prosperar.

Exemplo prático: Suponha que você tenha uma crença limitante de que "dinheiro é difícil de ganhar". Ao identificar e reformular essa crença usando PNL, você pode passar a acreditar que "dinheiro é uma consequência natural do meu esforço e criatividade". Esse novo mindset o motiva a buscar novas oportunidades, porque sua visão do que é possível muda.

A resiliência emocional é a capacidade de lidar com os altos e baixos financeiros sem deixar que as emoções sabotem suas decisões. Muitas pessoas carregam traumas financeiros do passado ou crenças que as impedem de avançar. A psicanálise nos ajuda a entender os bloqueios emocionais que herdamos, muitas vezes, de nossa infância ou das relações familiares.

Exemplo prático: Imagine que, após ganhar um aumento significativo, você se encontra gastando mais do que deveria, o que sabota seu progresso financeiro. Através da psicanálise, você percebe que, em sua infância, o dinheiro sempre foi motivo de conflito em casa. Esse entendimento ajuda você a reconhecer o padrão e adotar comportamentos mais equilibrados.

Tomar decisões financeiras de maneira estratégica requer uma combinação de instinto apurado e conhecimento econômico sólido. O segredo está em saber quando agir com base na lógica, quando confiar no seu instinto e como equilibrar os dois.

Use dados concretos e conhecimentos de mercado para tomar decisões informadas. Isso inclui analisar tendências econômicas, taxas de juros e oportunidades de investimento.

Além da análise racional, a intuição baseada na experiência pode ser um guia valioso em momentos de incerteza. Confie em sua percepção, especialmente quando se trata de riscos calculados.

Momentos de incerteza financeira exigem agilidade mental e emocional. Desenvolver um plano de ação claro para tempos de crise, como uma recessão ou queda nos mercados, permite que você navegue por esses períodos de maneira mais confiante.

O MAPA DA RIQUEZA!

Exemplo prático: Suponha que você tenha uma reserva de emergência e um plano de investimentos sólido, mas o mercado de ações entre em colapso temporariamente. Em vez de vender seus ativos impulsivamente, uma decisão estratégica poderia ser aguardar a recuperação, ou até investir mais, com base na análise de longo prazo.

Construa incansavelmente um ambiente de oportunidades com pessoas de sucesso!

Ninguém constrói riqueza sozinho. A rede de sucesso é um conjunto de pessoas – mentores, colegas, parceiros de negócios e amigos – que podem ajudá-lo a identificar oportunidades, crescer e se manter motivado. Criar e nutrir essa rede é fundamental para o sucesso a longo prazo.

Participe de eventos, seminários e grupos de discussão onde

você pode conhecer pessoas que compartilham suas ambições e valores. Construir conexões genuínas cria oportunidades para colaborações futuras.

Encontre mentores que já trilharam o caminho que você deseja seguir. Eles podem oferecer conselhos valiosos e evitar que você cometa erros comuns.

Sua rede de sucesso deve ser baseada em uma troca constante de ideias e apoio mútuo. Compartilhe conhecimento, recursos e oportunidades com sua rede para que todos cresçam juntos.

Exemplo prático: Imagine que você conheça um mentor em um evento de networking que o conecte a um investidor ou parceiro comercial. Essa nova conexão pode abrir portas para uma oportunidade de negócio que você nunca teria encontrado sozinho. Cultivar essas relações é uma estratégia vital para o sucesso financeiro.

O sucesso financeiro sustentável exige uma abordagem holística que abranja educação financeira, mente vencedora, resiliência emocional, ação estratégica e uma rede de sucesso. Ao integrar esses pilares em sua vida, você estará preparado para enfrentar os desafios financeiros com confiança, tomar decisões inteligentes e construir uma vida de abundância.

Comece agora, aplicando essas estratégias de forma prática e incremental. Quanto mais você trabalhar em cada um desses pilares, mais perto estará de atingir seus objetivos e construir um futuro financeiro sólido e promissor.

Para alcançar a verdadeira liberdade financeira, é essencial que você aprenda a fazer o seu dinheiro trabalhar por você, em vez de você trabalhar constantemente por ele. Isso é possível quando você adota práticas de investimento inteligente, diversificação adequada e cria fontes de renda passiva que multiplicam seu patrimônio ao longo do tempo. Veja aqui, exemplos práticos de como investir, diversificar e multiplicar seu patrimônio. O objetivo é que você aprenda a gerar crescimento exponencial e trabalhe menos, enquanto seu dinheiro trabalha mais.

O caminho para o crescimento!

Investir é o ponto de partida para fazer seu dinheiro crescer. No entanto, investir de forma aleatória ou sem planejamento pode gerar mais frustração do que sucesso. O segredo é investir com sabedoria, tendo em mente o potencial de crescimento e a estratégia de longo prazo.

Exemplo prático de investimento inteligente: Imagine que você tenha economizado R$10.000 e deseja começar a investir. Em vez de colocar todo o seu dinheiro em uma única ação de uma empresa que você acha promissora, é mais sábio diversificar e equilibrar riscos e recompensas.

Você pode investir 30% do seu capital em ações de empresas de tecnologia, como Amazon ou Apple, que têm histórico de crescimento significativo. Essas empresas estão posicionadas em setores inovadores e em crescimento.

Alocar outros 20% em fundos imobiliários (FIIs), que oferecem uma renda passiva estável através do aluguel de propriedades comerciais e residenciais, é uma maneira de ganhar dividendos regulares enquanto mantém um ativo sólido.

Investir 40% do seu portfólio em títulos de renda fixa, como CDBs ou Tesouro Direto, garante segurança e previsibilidade, ajudando a proteger parte do seu capital contra flutuações de mercado.

Você pode destinar os 10% restantes para investimentos de maior risco, como criptomoedas (Bitcoin, Ethereum), com a compreensão de que, embora voláteis, esses ativos têm grande potencial de valorização a longo prazo.

Essa diversificação garante que, enquanto você participa de mercados de alto crescimento, uma parte do seu patrimônio está protegida em ativos de baixo risco, criando um equilíbrio saudável entre segurança e crescimento.

Diversificar para minimizar riscos e aumentar ganhos!

Diversificar seu portfólio é uma das regras de ouro dos grandes investidores. Isso significa distribuir seus recursos em diferentes tipos de ativos, setores e regiões, para que os riscos sejam minimizados e o potencial de ganhos seja maximizado. A diversificação não é apenas uma questão de proteger o patrimônio, mas também de permitir que diferentes ativos cresçam em tempos diferentes.

Exemplo prático de diversificação: Suponha que você tenha um portfólio de R$100.000 e deseje diversificar para maximizar ganhos com segurança.

Em vez de investir apenas em ações de empresas brasileiras, você pode destinar 40% para ações de empresas internacionais, como aquelas dos Estados Unidos e da Europa. Isso reduz o risco de exposição única ao mercado local e aproveita o crescimento global.

No setor de ações, distribua seus investimentos entre diferentes setores – tecnologia, saúde, energia renovável, infraestrutura. Assim, se um setor passar por uma crise, seus outros ativos podem manter seu portfólio em crescimento.

Inclua investimentos físicos, como ouro ou imóveis, para adicionar uma camada de segurança. O ouro tende a manter valor em tempos de incerteza econômica, enquanto imóveis geram renda passiva e apreciam a longo prazo.

A diversificação permite que você tire proveito de diferentes oportunidades econômicas e minimize o impacto de crises em qualquer setor específico.

A verdadeira liberdade financeira acontece quando você desenvolve fontes de renda passiva, ou seja, renda que entra em sua conta automaticamente, sem a necessidade de trabalho constante. Existem várias formas de gerar renda passiva, e a estratégia mais sábia é combinar várias delas.

Exemplo prático de renda passiva: Suponha que você deseje criar diferentes fluxos de renda passiva. Aqui estão algumas opções para alcançar isso:

Dividendos de ações: Invista em ações de empresas sólidas que pagam dividendos regulares, como grandes bancos, empresas de energia ou telecomunicações. Essas empresas distribuem parte dos lucros aos acionistas, proporcionando uma renda consistente, mesmo que o preço da ação flutue. Se você tiver R$50.000 investidos em ações de dividendos com uma média de retorno de 5% ao ano, você receberá R$2.500 em dividendos passivos anualmente.

Fundos imobiliários: Os fundos imobiliários (FIIs) distribuem uma parte dos rendimentos do aluguel de imóveis aos investidores.

Royalty e conteúdo digital: Se você possui conhecimento especializado, pode criar cursos online ou escrever um e-book. Uma vez publicado, as vendas desses produtos geram renda passiva, pois você continuará ganhando dinheiro enquanto o produto é vendido online sem a necessidade de seu envolvimento contínuo.

Essas fontes de renda passiva, quando combinadas, podem permitir que você atinja um ponto onde suas despesas são cobertas por rendimentos de investimentos, possibilitando que você trabalhe menos e aproveite mais sua liberdade financeira.

Multiplicando o Patrimônio com Crescimento Exponencial

Multiplicar seu patrimônio é a chave para alcançar crescimento financeiro exponencial. Isso envolve reinvestir seus lucros e dividendos em novas oportunidades, criando um efeito de "bola de neve" ao longo do tempo.

Exemplo prático de multiplicação de patrimônio: Digamos que você tenha investido R$100.000 em um portfólio diversificado, e ele gera um retorno médio de 10% ao ano (através de dividendos, juros e valorização). Em vez de gastar os R$10.000 de lucro anual, você decide reinvestir esse valor em novas oportunidades.

No primeiro ano, seu portfólio já aumentará para R$110.000. No segundo ano, com o mesmo retorno de 10%, você ganhará R$11.000, totalizando R$121.000.

Em 10 anos, com reinvestimento constante, seu portfólio terá crescido para R$ 259.374, sem que você tenha adicionado capital extra, apenas reinvestindo os lucros.

Este é o poder dos juros compostos e do reinvestimento. Com o tempo, a renda passiva gerada por seus investimentos aumenta significativamente e acelera a multiplicação do patrimônio.

Veja agora: Histórias de Transformação Financeira com Dedicação e Consciência

O sucesso financeiro pode parecer inatingível para muitos, mas histórias de transformação provam que, com as estratégias certas e um comprometimento consistente, qualquer um pode mudar sua realidade econômica. O caminho para a prosperidade não está reservado a poucos privilegiados. Com educação financeira, reprogramação mental, resiliência emocional e ação estratégica, é possível transformar sua vida, independentemente de onde você comece.

Histórias inspiradoras de pessoas que aplicaram esses princípios e mudaram completamente suas vidas financeiras são casos que nos mostram que, com dedicação e consciência, qualquer pessoa pode adotar essas práticas e trilhar o caminho para o sucesso.

A História de Marta Ellen: Superando Crenças Limitantes e Construindo Riqueza

Marta, uma professora de 38 anos, vivia com uma crença limitante muito comum: "dinheiro é difícil de ganhar e impossível de manter." Sua família sempre enfrentou dificuldades financeiras, e isso moldou sua visão de mundo. Mesmo com uma carreira estável, Marta sentia que nunca poderia sair do ciclo de viver do salário para pagar contas.

Depois de participar de um seminário sobre PNL e educação financeira, Marta decidiu que era hora de mudar sua mentalidade em relação ao dinheiro. Ela identificou suas crenças limitantes e começou a substituí-las por afirmações mais capacitadoras: "Dinheiro é uma consequência do valor que eu gero." Esse simples passo de reprogramação mental foi o primeiro de muitos que levaram a uma mudança drástica em sua vida financeira.

Com sua nova mentalidade, Marta começou a economizar parte de seu salário e investir em fundos de ações e renda fixa. Dentro de cinco anos, ela não apenas criou uma reserva de emergência, como também adquiriu uma propriedade para aluguel, gerando renda passiva. Hoje, Marta vê o dinheiro como uma ferramenta de liberdade, e não mais como um fardo. Ela se tornou um exemplo para outras mulheres em sua comunidade, ensinando sobre educação financeira e empoderamento econômico.

Lição: Ao reprogramar sua mentalidade financeira e investir com disciplina, Marta transformou sua realidade, mostrando que crenças limitantes podem ser superadas para alcançar a prosperidade.

O Caso de João Henrique: Criando Fontes de Renda Passiva e Trabalhando Menos

ALEXANDRE ROCHA DE FREITAS

João, um engenheiro de 45 anos, sempre teve um emprego estável, mas sentia que trabalhava incansavelmente sem ver um progresso real em sua vida financeira. Ele estava preso no ciclo de trocar tempo por dinheiro e queria encontrar uma maneira de gerar renda sem depender exclusivamente de seu trabalho diário.

João começou a estudar sobre investimentos inteligentes e renda passiva, algo que ele nunca havia considerado. Com uma abordagem meticulosa, ele começou a investir em fundos imobiliários (FIIs) e ações de dividendos, focando em criar um portfólio que gerasse fluxos de caixa regulares. Além disso, ele usou uma parte de suas economias para criar um pequeno negócio de e-commerce que vende produtos digitais, gerando uma nova fonte de renda passiva.

Após cinco anos de aplicação dessas estratégias, João viu sua renda passiva superar suas despesas mensais. Ele conseguiu reduzir sua jornada de trabalho no emprego tradicional e começou a aproveitar mais tempo com sua família e em atividades pessoais. O dinheiro passou a trabalhar por ele, e não o contrário.

Lição: João provou que é possível criar múltiplas fontes de renda passiva, gerando liberdade financeira e permitindo que ele trabalhasse menos e aproveitasse mais a vida.

A Transformação de Ana Lisboa: Superando Traumas Financeiros e Conquistando Sucesso

Ana, uma empreendedora de 32 anos, enfrentou vários traumas financeiros ao longo de sua vida. Cresceu em uma família que lutava para pagar as contas, e, como adulta, carregava o medo de repetir o mesmo padrão. Mesmo tendo um negócio promissor, o medo do fracasso financeiro a impedia de tomar decisões ousadas que poderiam levar ao crescimento.

Através da psicanálise, Ana começou a explorar os traumas da infância que moldaram suas crenças sobre dinheiro. Ela percebeu que estava sabotando inconscientemente suas próprias oportunidades de crescimento por medo de falhar ou de perder o que havia conquistado. Com o tempo, Ana aprendeu a redefinir sua relação com o dinheiro, vendo-o como um recurso que ela poderia controlar, em vez de algo que a controlava.

Após superar esses bloqueios, Ana começou a investir em novos produtos e expandiu seu negócio para o mercado digital. Com mais confiança e clareza, seu faturamento dobrou em dois anos, e ela se tornou uma líder de referência em seu setor. Ana agora vê o dinheiro como uma ferramenta para criar impacto e ajudar sua comunidade, em vez de algo que deve ser temido.

Lição: Ao superar traumas e bloqueios emocionais com a ajuda da psicanálise, Ana transformou seu negócio e sua vida financeira, mostrando que o sucesso começa com a cura interna.

Pedro Canavieira: Ação Estratégica e Rede de Sucesso para Alcançar a Liberdade Financeira

Pedro, um advogado de 40 anos, sempre sonhou em alcançar a liberdade financeira, mas não sabia por onde começar. Ele tinha um bom emprego, mas queria mais do que um salário fixo: queria criar riqueza e ter controle total sobre seu tempo e suas finanças.

Pedro começou a agir estrategicamente, aplicando princípios econômicos e confiando em sua intuição para tomar decisões calculadas. Ele fez investimentos diversificados, incluindo imóveis, criptomoedas e startups. Além disso, Pedro construiu uma rede de sucesso, conectando-se a mentores e outros investidores que lhe ofereciam conselhos e insights valiosos.

Em vez de agir sozinho, Pedro desenvolveu parcerias estratégicas que multiplicaram suas oportunidades de crescimento. Ele também começou a participar de grupos de investimento e eventos de networking, onde encontrou novas oportunidades de negócios e investimentos.

Com o tempo, Pedro não só conseguiu aumentar sua renda substancialmente, mas também atingiu sua meta de liberdade financeira. Ele agora pode escolher onde e como gastar seu tempo, pois sua rede e seus investimentos trabalham a seu favor.

Lição: Pedro nos mostra que combinar ação estratégica com uma rede de sucesso pode acelerar o crescimento financeiro e criar oportunidades que seriam impossíveis de alcançar sozinho.

Conclusão: Dedicação e Consciência para o Sucesso!

Essas histórias são exemplos poderosos de como aplicar as estratégias de educação financeira, reprogramação mental, resiliência emocional e ação estratégica pode levar a uma transformação financeira completa. O sucesso não é um destino inalcançável, mas sim um processo construído com base em decisões conscientes e comprometimento.

Cada um desses indivíduos teve um ponto de partida diferente, mas o que os uniu foi a disposição de mudar suas mentalidades e hábitos, além de aplicar os princípios corretos de forma consistente. As histórias de Marta, João, Ana e Pedro demonstram que o sucesso financeiro está ao alcance de qualquer pessoa que siga o plano com dedicação e consciência.

Você também pode transformar sua vida financeira, começando agora com passos simples, aplicando as práticas que funcionaram para essas pessoas e, assim, construindo seu próprio caminho rumo à liberdade e prosperidade!

Ao lermos a bíblia e analisarmos as histórias de Davi e Salomão, sob uma perspectiva cristã, encontramos ensinamentos bíblicos que podem nos levar a compreender o propósito divino da riqueza e abundância na vida do cristão. Contudo, é essencial entender que a riqueza, no contexto bíblico, vai além dos bens materiais, abrangendo também a espiritualidade, a sabedoria e a relação com Deus.

O Rei Davi, antes de ser rei, era um simples pastor de ovelhas. Mesmo na sua simplicidade, ele demonstrou um profundo amor e reverência a Deus, o que o fez ser escolhido pelo Senhor para ser ungido como rei de Israel. Davi foi abençoado com riquezas e prosperidade, mas o ponto crucial é que ele entendia que essas bênçãos vinham diretamente de Deus, como uma recompensa por sua obediência e fidelidade.

Em 1 Crônicas 29:12, Davi reconhece:

"De ti vêm as riquezas e a glória; tu dominas sobre tudo. Nas tuas mãos estão a força e o poder para exaltar e dar força a todos."

Davi sabia que a verdadeira riqueza não estava nos bens materiais em si, mas em reconhecer que Deus é a fonte de todas as bênçãos. Assim, ao viver em obediência e submissão a Deus, ele foi abundantemente próspero. Davi também entendeu que a riqueza deveria ser usada para a glória de Deus, como vemos quando ele preparou todos os materiais necessários para a construção do Templo, que seria realizado por seu filho Salomão.

A história de Salomão reforça ainda mais a ideia de que a riqueza, quando pedida com o coração correto e usada com sabedoria, é uma bênção de Deus. Quando Salomão assumiu o trono, ele fez um pedido a Deus que nos ensina muito sobre a relação entre sabedoria e prosperidade. Em 2 Crônicas 1:10-12, Salomão pediu:

"Dá-me, pois, sabedoria e conhecimento, para que eu possa conduzir este povo, pois quem pode governar este grande povo que é o teu?"

Salomão, ao invés de pedir riquezas, pediu sabedoria para governar de forma justa. Deus, agradado com o pedido, concedeu a Salomão não apenas a sabedoria, mas também riquezas e honra como ninguém jamais havia tido antes dele. Isso nos mostra que, ao buscarmos primeiro o Reino de Deus e Sua sabedoria, como ensina Jesus em Mateus 6:33 ("Buscai, pois, em primeiro lugar, o Seu Reino e a Sua justiça, e todas essas coisas vos serão acrescentadas"), a abundância é consequência natural da obediência e alinhamento com os princípios divinos.

As histórias de Davi e Salomão revelam que a prosperidade não é um fim em si mesma, mas um meio para se cumprir o propósito de Deus. Eles foram chamados a governar e liderar o povo de Israel, e para isso, Deus lhes confiou grandes riquezas. Ambos foram escolhidos para serem exemplos de como a riqueza pode e deve ser usada para o benefício do povo de Deus e para a Sua glória.

Portanto, o cristão não deve buscar a riqueza por ganância, mas com a intenção de cumprir o propósito divino para sua vida. Riqueza e abundância são bênçãos quando usadas de forma sábia e para honrar a Deus!

No contexto bíblico, ser rico e abundante não está apenas no acúmulo de bens materiais, mas em ser rico na fé, na sabedoria e em boas obras. Deus deseja que Seus filhos sejam prósperos em todas as áreas, inclusive financeiramente, para que possam ser bênçãos na vida de outros. Em 2 Coríntios 9:8, Paulo afirma:

"E Deus é poderoso para fazer que toda graça vos seja acrescentada, para que em todas as coisas, em todo o tempo, tendo tudo o que é necessário, vocês transbordem em toda boa obra."

O cristão tem a obrigação de ser rico, não por egoísmo, mas porque, ao ser próspero, ele está em posição de ajudar os outros, promover o Reino de Deus e ser um reflexo da generosidade e abundância divinas. Davi e Salomão nos mostram que, quando vivemos em obediência a Deus, a riqueza pode ser uma ferramenta poderosa para cumprir o propósito divino.

Em resumo, a obrigação de sermos ricos e abundantes como cristãos está ancorada na compreensão de que Deus é a fonte de toda prosperidade. Nossa busca por riqueza deve sempre estar alinhada com a vontade de Deus, com a intenção de sermos bons administradores de Seus recursos, e de usarmos essa riqueza para o bem maior, para promover a justiça, a bondade e o Reino de Deus na Terra. Assim como Davi e Salomão, somos chamados a prosperar, não apenas para nossa própria satisfação, mas para a glória de Deus e o benefício de todos ao nosso redor.

Se você não teve a sorte de herdar uma grande fortuna...
Se você até hoje não ganhou na loteria...
Se você não é um artista famoso...
Se você não é um jogador de futebol de sucesso...
CALMA!!! CALMA!!! NÃO SE PREOCUPE!!!
Mesmo assim, você pode enriquecer!
São muitas oportunidades a sua disposição! Sua função é escolher uma delas e se dedicar a isso!

VOCÊ DEVE EMPREENDER!!!

Você conhece o mercado imobiliário, certo!? No mínimo já pensou em comprar uma casa para morar! Pois bem, este é sem dúvida algum um dos melhores setores para empreender e enriquecer!

Mas, como empreender no setor imobiliário?

Não ache que isso está muito distante de você! Porque o custo de construção de uma casa não é tão alto assim e se você não possui todo o dinheiro necessário para construir a primeira, pode arranjar alguns sócios ou até mesmo conseguir um financiamento bancário para iniciar. Existem diversas linhas de crédito para isso! O mais importante é você entender que a margem de lucro é exorbitante! E os construtores não gostam de divulgar isso!

Você já ouviu falar em CUB (Custo Unitário Básico)? Sabe o que significa? Veja:

O CUB (Custo Unitário Básico) é um indicador utilizado na construção civil para calcular o custo médio por metro quadrado de uma obra. Ele é expresso em moeda local (Real) por unidade de área (metros quadrados).

Ele é calculado com base em uma série de fatores, incluindo o custo dos materiais de construção, mão de obra, equipamentos, despesas administrativas, impostos e margem de lucro. Esses elementos são ponderados e combinados para determinar o custo médio de construção por metro quadrado em uma determinada região ou área geográfica.

O CUB é amplamente utilizado no setor imobiliário para uma variedade de fins, incluindo estimativas de custos para projetos de construção, orçamentos de obras, avaliação de imóveis, determinação de valores de aluguel e cálculos de indenização em casos de sinistros ou danos a propriedades. Ele foi determinado pela Lei Federal 4.591/64 (artigo 54), que trata sobre os valores de referência para obras de imóveis por metro quadrado de cada estado do Brasil.

Quem determina o valor do CUB?

De acordo com essa mesma lei, a responsabilidade de calcular o CUB/m² é dos sindicatos estaduais da indústria da construção. Além de estarem sob a obrigatoriedade de fazer a divulgação mensal até o dia 5 de cada mês sobre os custos unitários praticados na região em relação à construção civil.

O Custo Unitário Básico baseia-se em dois pontos importantes: o padrão de acabamento da obra e o projeto-padrão.

Onde consultar o CUB?

Você pode consultar o CUB no site: www.cub.org.br. O site conta com a participação de mais de 20 Sinduscons brasileiras (Sindicato da Indústria e da Construção Civil). Ou você pode acessar o site das Sinduscon da sua região.

No estado de São Paulo, por exemplo, o CUB de setembro de 2024 foi calculado em R$ 2.017,89 e se você fizer uma pesquisa vai descobrir que na hora de vender, este mesmo metro quadrado em algumas regiões do estado, as construtoras chegam a cobrar até R$ 14 mil, ou mais! O terreno fica muito barato devido à verticalização do projeto!

CONSEGUE CALCULAR A MARGEM DE LUCRO?

O setor imobiliário oferece inúmeras oportunidades para aqueles que desejam empreender e obter retornos sólidos e consistentes. Existem diversas formas de investir nesse mercado, como a criação de loteamentos, construção de prédios residenciais para revenda e construção de galpões industriais para locação. Cada uma dessas opções apresenta particularidades e desafios únicos, mas todas têm grande potencial de valorização quando bem executadas.

Os loteamentos urbanos ou rurais consistem em adquirir grandes terrenos, dividi-los em lotes menores e vender essas unidades para construtores ou pessoas físicas que desejam construir suas próprias residências. Esse tipo de empreendimento pode ser muito lucrativo, pois você agrega valor ao terreno ao prover infraestrutura, como ruas, iluminação, esgoto e água.

É crucial identificar uma área em potencial para loteamento, que tenha fácil acesso a serviços básicos e que esteja em uma região com potencial de crescimento, como áreas próximas a grandes centros urbanos ou regiões que estão em expansão.

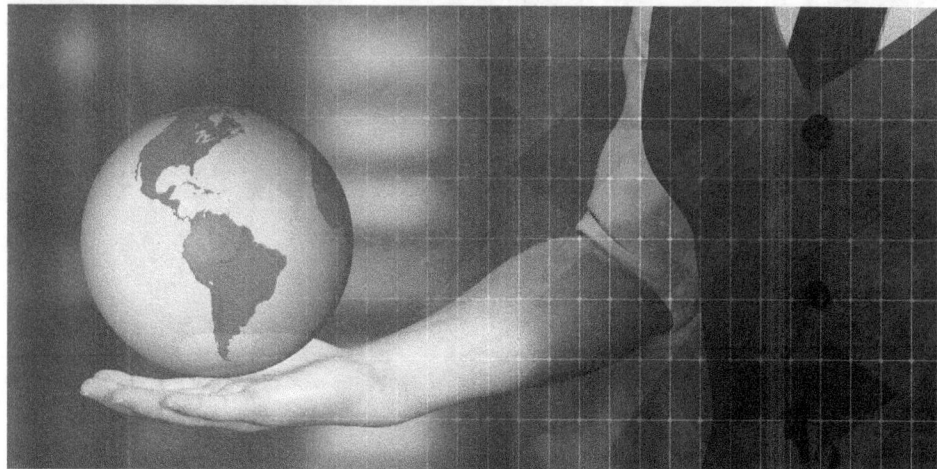

Um bom planejamento urbanístico é necessário para garantir que o loteamento seja funcional e atenda às normas ambientais e de zoneamento. A aprovação da prefeitura e de órgãos ambientais é fundamental e pode levar tempo, portanto, é importante ter paciência e contar com consultores especializados.

A infraestrutura precisa ser implementada de acordo com as exigências da lei local. Isso inclui asfalto, redes de esgoto, energia elétrica e iluminação pública. O custo dessa etapa pode ser alto, mas o retorno financeiro é garantido pela valorização dos lotes.

Com a infraestrutura pronta e a aprovação obtida, os lotes podem ser vendidos para construtores, investidores ou diretamente para o consumidor final. A valorização da área costuma ser uma das grandes vantagens desse tipo de investimento.

Já a construção de prédios residenciais para revenda oferece um potencial de lucro significativo, uma vez que você pode aproveitar a alta demanda por moradias em áreas urbanas, especialmente em grandes cidades.

A localização de um edifício residencial é crucial para o sucesso de sua venda. Identifique regiões com boa infraestrutura urbana e alta demanda habitacional. Áreas próximas a centros comerciais, hospitais e estações de transporte público tendem a ser mais atrativas para os compradores.

Um bom projeto arquitetônico pode ser um diferencial. Invista em projetos que ofereçam conforto e praticidade, considerando também a sustentabilidade, que está cada vez mais em alta. O design e a funcionalidade impactam diretamente o valor percebido pelo comprador.

O custo de construção de prédios é elevado, portanto, muitos incorporadores utilizam parcerias com bancos e investidores para financiar o projeto. O uso do financiamento imobiliário pelos compradores finais também pode ser facilitado através de parcerias com instituições financeiras.

Abra CNPJ como incorporador e em seguida contrate uma empreiteira com experiência no mercado e que possua um bom histórico de cumprimento de prazos e orçamento. O cronograma de obras é um ponto essencial para garantir que o projeto não atrase e perca valor no mercado.

Assim que o prédio estiver em fase avançada de construção, comece a comercializar as unidades. Muitos empreendedores optam por vender os apartamentos na planta, o que ajuda a gerar fluxo de caixa durante o projeto. Utilize estratégias de marketing imobiliário para atrair compradores e investir em estandes de vendas que ajudem a visualizar o projeto final.

Outro nicho muito conhecido é o mercado de galpões industriais! Este, é uma excelente opção para quem busca retorno consistente e previsível. Com a expansão do e-commerce e a crescente demanda por logística e armazenamento, galpões industriais bem localizados têm tido alta procura.

Assim como em loteamentos e prédios residenciais, a localização é fundamental. Galpões industriais devem estar próximos de rodovias e principais centros de distribuição. Verifique se a área tem acesso facilitado para caminhões e transportes pesados.

Diferente de um prédio residencial, os galpões devem ser projetados com foco em eficiência logística. A altura do pé-direito, a resistência do piso, o espaço para manobras e o layout interno devem atender às necessidades de grandes empresas, e-commerces e operadores logísticos.

O desenvolvimento de galpões também exige licenciamento ambiental e cumprimento de regulamentações industriais. Certifique-se de estar em conformidade com todas as exigências para evitar multas e interrupções no processo de construção.

A construção de galpões é uma estratégia de longo prazo, onde o objetivo é gerar renda recorrente com a locação dos espaços. Empresas de grande porte costumam fazer contratos de locação de médio a longo prazo, garantindo uma receita estável ao empreendedor.

Empreender no setor imobiliário, seja por meio de loteamentos, construção de prédios residenciais ou galpões industriais, requer planejamento estratégico, conhecimento das regulamentações e visão de longo prazo. A capacidade de identificar boas oportunidades de localização e otimizar custos de construção é essencial para maximizar o retorno do investimento.

Cada um desses segmentos oferece uma possibilidade única de lucro, e o sucesso dependerá de uma execução eficiente em todas as etapas — desde a escolha do terreno até a comercialização das unidades ou locação dos espaços.

Ao planejar bem, entender o mercado e seguir as regulamentações, o setor imobiliário pode se tornar um caminho sólido e lucrativo para o empreendedor.

E as oportunidades estão em vários setores diferentes!

Você já deve ter ouvido falar em FRANQUIAS, não é mesmo?

Como Empreender no Setor de Franquias?

Veja: O Poder de Uma Rede Bem Organizada:

Empreender no setor de franquias é uma das maneiras mais inteligentes e lucrativas de construir um negócio. Uma rede de franquias bem organizada oferece a oportunidade de escalar operações, expandir a marca e, ao mesmo tempo, reduzir os riscos associados à gestão isolada de uma única unidade. O mercado de franquias está em constante crescimento, e para o empreendedor que souber como aproveitar esse modelo, os resultados podem ser incrivelmente lucrativos.

O Que é uma Franquia e Por Que é Tão Poderosa?

Uma franquia é, basicamente, um modelo de negócio no qual um franqueador concede o direito de uso de sua marca, modelo operacional e produtos ou serviços a um franqueado. Em troca, o franqueado paga uma taxa inicial e royalties contínuos sobre as receitas geradas. Essa parceria cria uma sinergia entre o franqueador, que busca expansão rápida, e o franqueado, que deseja investir em um negócio já estabelecido.

Mas o que torna uma franquia tão poderosa? É o equilíbrio entre a padronização e a escala. O franqueador oferece ao franqueado um modelo de negócio comprovado, com processos otimizados e uma marca consolidada. Isso reduz os riscos típicos de quem está começando do zero, enquanto acelera o retorno sobre o investimento.

As Vantagens de Organizar Bem uma Rede de Franquias:

A chave para o sucesso de uma rede de franquias está na organização. Uma rede bem organizada cria uma plataforma onde o crescimento é sustentável e os lucros podem ser potencializados. Veja algumas razões pelas quais uma rede de franquias organizada pode ser altamente lucrativa:

1. Escalabilidade com Menor Risco!

Diferente de expandir uma única empresa por conta própria, o franqueador pode ampliar sua marca sem precisar de um capital enorme para abrir novas unidades. Cada nova franquia é aberta com o capital e o esforço do franqueado, enquanto o franqueador oferece o know-how. Isso cria uma escala rápida com menor risco para o franqueador, já que ele continua a ganhar royalties à medida que mais unidades abrem e prosperam.

2. Padronização dos Processos!

Um dos maiores segredos do sucesso de redes de franquias bem-sucedidas é a padronização. A mesma experiência, qualidade de serviço, produto e atendimento é entregue em todas as unidades, o que fortalece a marca. Isso garante que o cliente possa confiar na marca, independentemente da localização, o que leva à fidelização e ao aumento das vendas.

Ao implementar manuais de operação, treinamento contínuo e suporte ao franqueado, o franqueador cria um ecossistema onde a execução do negócio se torna eficiente, e os franqueados podem focar em gerar lucro, não em "reinventar a roda".

3. Força de Compra Coletiva!

Uma rede de franquias organizada também se beneficia da economia de escala. Com várias unidades comprando os mesmos insumos ou produtos, o franqueador pode negociar melhores condições com fornecedores, reduzindo custos e aumentando a margem de lucro tanto para o franqueador quanto para os franqueados.

Esses descontos coletivos criam uma vantagem competitiva, permitindo que a rede ofereça produtos ou serviços a preços mais atraentes no mercado, sem sacrificar a lucratividade.

4. Marketing Nacional e Reconhecimento de Marca!

Uma rede bem organizada tem o poder de criar campanhas de marketing nacionais ou regionais, impulsionando a marca de forma consistente em várias localidades ao mesmo tempo.

Isso não só atrai mais clientes para cada unidade, mas também solidifica o valor da marca no imaginário do público.

Ao crescer e ganhar visibilidade, a franquia se beneficia de economias de marketing, onde cada real investido em publicidade tem um impacto muito maior devido ao alcance e à repetição de sua mensagem em múltiplos canais e locais.

5. Suporte Contínuo e Melhoria Constante!

O sucesso de uma rede de franquias não vem apenas da sua criação, mas da manutenção de uma relação saudável entre franqueador e franqueado. Uma rede organizada oferece suporte contínuo, ajudando o franqueado a superar desafios operacionais, gerenciais e de marketing. Isso pode incluir treinamento de equipe, consultorias regulares e atualizações sobre tendências de mercado.

Além disso, o franqueador está sempre melhorando o modelo de negócios, ajustando processos e trazendo inovações que tornam a franquia mais competitiva. Isso garante que a rede continue a prosperar e a lucrar, mesmo em cenários de mercado desafiadores.

6. Crescimento Exponencial!

Uma rede de franquias bem organizada tem o potencial de crescer exponencialmente. Com uma base sólida e processos eficientes, a marca pode continuar expandindo para novos mercados, seja em diferentes cidades ou até internacionalmente. Cada nova unidade fortalece a presença da marca e aumenta o valor percebido, criando um círculo virtuoso de crescimento e lucro.

O Que é Necessário para Organizar uma Rede de Franquias Bem-Sucedida?

Organizar uma rede de franquias bem-sucedida requer planejamento estratégico e foco em algumas áreas críticas:

Modelo de Negócio Bem Definido!

O franqueador deve desenvolver um modelo que possa ser replicado em diferentes regiões, garantindo que a qualidade e a experiência sejam consistentes.

Manuais e Processos Operacionais!

A criação de manuais detalhados, descrevendo desde o atendimento ao cliente até o funcionamento do caixa, é essencial para que o franqueado saiba exatamente como operar.

Treinamento e Suporte ao Franqueado!

É crucial oferecer treinamento inicial e suporte contínuo para garantir que o franqueado tenha sucesso. Redes que investem no sucesso de seus franqueados têm muito mais chances de prosperar.

Marketing e Reconhecimento de Marca!

Investir em branding e marketing é fundamental para criar uma imagem forte e atraente, atraindo clientes para todas as unidades.

Inovação Contínua!

O mercado está sempre mudando. Uma rede de franquias organizada precisa estar atenta a novas tendências, adaptando-se para manter sua relevância e competitividade.

Uma rede de franquias bem organizada é uma máquina poderosa de gerar lucros. Com escalabilidade, padronização e uma base de franqueados motivados, o franqueador pode crescer rapidamente sem assumir todo o ônus financeiro de abrir novas unidades. Além disso, o reconhecimento de marca, a força de compra e as campanhas de marketing bem planejadas ampliam o potencial de lucro tanto para o franqueador quanto para os franqueados.

Empreender no setor de franquias é, sem dúvida, uma das formas mais seguras e lucrativas de expandir um negócio, aproveitando o potencial de crescimento rápido, sustentado por uma base sólida e bem organizada. Para quem deseja construir um império, o caminho está claro: organize sua rede, invista no sucesso dos franqueados e veja os lucros se multiplicarem.

Ser um franqueado com várias lojas também é um caminho muito sólido e que gera novos milionários todos os anos!

Enfim, escolha aonde vai empreender e nunca mais trabalhe para os outros!

Nenhum salário se compara ao empreendedorismo!

Empreendedores semianalfabetos ficam riquíssimos! Enquanto empregados formados em diversas faculdades passam uma vida inteira contando moedas e migalhas de pão!

Seja proativo! Empreenda!

Espero que este livro te ajude a refletir sobre a prosperidade e que o mapa da riqueza tenha ficado bem claro em sua mente!

Que Deus te abençoe e proteja! Boa riqueza para você a partir de agora!

O MAPA DA RIQUEZA!

Autor: Alexandre Rocha de Freitas.

www.ingramcontent.com/pod-product-compliance
Lightning Source LLC
Chambersburg PA
CBHW070353230526
45471CB00006B/2546